GRANDI TEMI
GREAT THEMES

da capolavori originali di
from original masterpieces by

Debussy, Elgar, Ravel, Respighi, Saint-Saëns, Skrjabin

trascrizioni per violoncello e pianoforte di
transcriptions for cello and piano by
Andrea Cavuoto

RICORDI

L'opera del trascrittore ha ogni volta obbedito a una necessità interiore, e il suo risultato finale è stato la sovrapposizione di un nuovo mondo sonoro ed espressivo all'originale, giungendo quello a prendere su questo il sopravvento e componendosi in nuova forma... Quelle apparenti libertà, talvolta audaci, altro non erano che una profonda eccezionale penetrazione dello spirito di quelle musiche e una forma superiore, se pure anormale, di rispetto e soprattutto d'amore verso quei capolavori.

Alfredo Casella

Each time, the work involved in transcribing the music satisfied an inner need. The final outcome has been the overlapping of a new world of sound and expression in contrast with the original: one that catches up with and overtakes the original music to create a new form... The apparent (admittedly often bold) liberties taken are no more than the result of some exceptional deep penetration of the spirit of the music and a superior – even if abnormal – form of respect and, most importantly, love for these masterpieces.

Alfredo Casella

 # COLOPHON

Traduzioni a cura di - *Translations by* : Katy Moore

Copyright © 2011 Universal Music MGB Publications
via Liguria, 4 - frazione Sesto Ulteriano
20098 San Giuliano Milanese (MI)
Tutti i diritti riservati – All rights reserved
Stampato in Italia – Printed in Italy
NR 140540
ISMN 979-0-041-40540-7   ISBN 978-88-7592-903-9

INDICE ✦ CONTENTS

Introduzione

La raccolta, eterogenea per origine dei brani e stile degli autori, si propone di guidare il violoncellista attraverso le varie estetiche musicali con la mediazione di brani non direttamente collegati al violoncello. Ogni pezzo esplora una categoria espressiva facilmente individuabile, dalla melopea di sapore antico evocata da Respighi, al pezzo di carattere di Debussy, dal lirismo di impronta vocale di Saint-Saëns alla precisione delle articolazioni di Ravel.

Si tratta di una selezione di brani, ordinati per difficoltà crescente, adatti al giovane violoncellista ma utilizzabili come *encores* o facilmente assimilabili a programmi di recital o di saggi.

Camille Saint-Saëns
Samson et Dalila
Mon cœur s'ouvre à ta voix
(1877)

Saint-Saëns scrisse tredici opere per il teatro, la più famosa delle quali è il *Samson et Dalila*, che vide la sua prima esecuzione a Weimar, in lingua tedesca, nel 1877, e fu eseguita per la prima volta in Francia nel 1890, riscuotendo un successo solo modesto. L'aria "Mon cœur s'ouvre à ta voix" è affidata alla coprotagonista, mezzosoprano, e si trova alla fine del secondo atto. È il momento della seduzione di Samson da parte di Dalila, attuato con la rivelazione del segreto dell'eccezionale forza del protagonista. Nell'aria trovano posto anche brevi interventi di Samson, che in genere vengono omessi durante l'esecuzione da concerto.

Edward Elgar
Canto popolare
(1904)

Nel 1904 Elgar, ispirato dalla bellezza della costa ligure dove si era ritirato in vacanza, compose l'Ouverture da concerto "Alassio", meglio nota al di fuori dell'Italia con il titolo *In the South*. Brillante ed evocativa, l'Ouverture si imprime nella memoria grazie alla sezione centrale, dominata da un lungo e lirico assolo della prima viola. In seguito al successo di questa melodia, Elgar stesso, su richiesta dell'editore Novello, approntarà molte versioni diverse, pubblicate con il titolo di "Canto Popolare" poiché la tradizione aveva voluto riconoscere nel tema una parentela con un canto napoletano. Elgar stesso sconfesserà questa lettura, ma da quel momento la Liguria lo vedrà sempre più spesso ospite in villeggiatura.

Edward Elgar
Salut d'amour
op. 12 (1888)

Nel settembre del 1888 Elgar decise di chiedere la mano di Caroline Alice Roberts e *Salut d'amour*, una breve pagina per violino, fu il regalo di fidanzamento (al quale ella rispose con una poesia che Elgar mise subito in musica). Il titolo originale era *Liebesgruss* (*Saluto d'amore*), in omaggio alla lingua tedesca ben padroneggiata da Caroline, titolo che l'editore Schott decise di cambiare per ragioni di mercato europeo. La dedica in calce alla partitura è "à Carice", contrazione di Caroline Alice, nome che fu poi dato alla figlia nata due anni dopo dalla loro unione.

Claude Debussy
Danse bohémienne
(1880)

Questo breve brano di carattere è il primo per pianoforte pubblicato da Debussy, nel 1880. È dedicato a Nadezhda von Meck, la nobildonna che sosteneva moralmente e finanziariamente il lavoro di Ciaikovskij pur restandone sempre lontana (i due non si incontrarono mai, ma si scambiarono molte lettere). Nel giugno 1880 Debussy, appena diplomato al

Conservatoire, venne ingaggiato da Nadezhda per il periodo estivo, per dare lezioni ai suoi figli, accompagnare il canto e suonare con lei brani per pianoforte a quattro mani. Il manoscritto di questa Danse giunse anche a Ciaikovskij che, pur rilevando in essa una certa concisione, seppe apprezzarne la delicatezza e la proprietà di espressione.

Ottorino Respighi
L'ADORAZIONE DEI MAGI
(1927)

Respighi ha composto molte partiture per orchestra che ancora oggi permangono in repertorio e la maggior parte di esse ha intenti descrittivi o evocativi. Il *Trittico botticelliano* fu composto nel 1927, subito dopo un viaggio del compositore negli Stati Uniti, e fu ispirato da tre dipinti del Botticelli esposti nella Galleria degli Uffizi di Firenze. *L'Adorazione dei Magi* è il brano centrale della raccolta, e si ispira al lavoro omonimo del pittore fiorentino. Esso si apre sulla melodia gregoriana "Veni, veni Emmanuel", un'antifona dell'Ufficio dei Vespri della settimana che precede il Natale.

Maurice Ravel
MENUET ANTIQUE
(1895)

Il *Menuet antique* per pianoforte è un brano giovanile di Ravel. Composto nel 1895 e dedicato a Ricardo Viñes, è il primo di una serie di brani ispirati alle antiche forme musicali che costellano la produzione e l'estetica del compositore. La forma è la convenzionale A-B-A della danza (solo la prima sezione è qui trascritta), ma le armonie sono fortemente cromatiche e rivelano la solida preparazione di un Ravel ancora studente del Conservatorio. Il sapore antico nasce dalla precisione delle articolazioni e dei fraseggi. La parte del pianoforte si basa sul testo originale, mentre quella del violoncello si avvale della trascrizione per orchestra che Ravel effettuò nel 1929.

Aleksandr Skrjabin
RÊVERIE
op. 24 (1899)

Anche se Skrjabin compose essenzialmente per pianoforte, nella sua produzione trova posto anche l'orchestra, e la *Rêverie* op. 24 è il suo primo brano sinfonico. Iniziò a comporla nel 1897 ma fu completata solo nel 1899. In essa trova posto l'acceso romanticismo che caratterizza la prima produzione di Skrjabin, plasmato in una forma ad arco che culmina in un acuto climax dove trova sfogo il lungo crescendo di tensione e di dinamica che la precede. Il brano si chiude nella melancolia dell'inizio, venata però da un'atmosfera lunare non del tutto negativa. Un particolare colore armonico e la fuggevolezza delle modulazioni rendono questo brano particolarmente affascinante e di grande successo.

Andrea Cavuoto

INTRODUCTION

This collection contains pieces taken from different genres that reflect the composers' individual styles. The aim is to guide the cellist through the aesthetics of music using pieces not directly linked to the cello. Each piece explores an easily recognisable category of expression, from the melopeia [slow melody] with an ancient feel to it by Respighi to the piece full of character by Debussy, from Saint-Saëns' vocal lirism to the precision of Ravel's articulation.

A selection of pieces (presented in order of increasing difficulty) suitable for young cellists that can also be used as encores or easily included in recitals or school concerts.

Camille Saint-Saëns
SAMSON ET DALILA
Mon cœur s'ouvre à ta voix
(1877)

Saint-Saëns wrote thirteen operas, the most famous being *Samson et Dalila*, whose premiere was in Weimar in 1877, the libretto having been duly translated into German. Its first performance in France took place in 1890, receiving a cool reception. The aria "Mon cœur s'ouvre à ta voix" (Softly awakes my heart) is sung by Dalilah (mezzo-soprano) at the end of the second act as she seduces Samson in order to discover the secret of his amazing strength. The original aria calls for interjections by Samson and a final duet, though these are normally omitted in recital performances.

Edward Elgar
CANTO POPOLARE
[FOLK SONG]
(1904)

Inspired by the beauty of the Ligurian coastline where he happened to be staying, Elgar composed his "Alassio" concert ouverture in 1904, better known

outside Italy as *In the South*. Brilliant and evocative, this ouverture sticks in one's memory thanks to its central section, dominated by a long, lyrical solo by the first viola. Following the success of this melody, Elgar was later asked by Novello & Co., his publishers, to compose several variations, published under the title "Canto Popolare", since tradition has it that Elgar suggested that the melody had come from a Neapolitan folk song, although he later admitted that this was untrue. In the years that followed Elgar became a frequent visitor to Liguria.

Edward Elgar
SALUT D'AMOUR
[LOVE'S GREETING]
op. 12 (1888)

In September 1888 Elgar decided to ask Caroline Alice Roberts to marry him and his *Salut d'amour* - a short piece for violin - was his engagement present to Caroline (to which she replied with a poem that Elgar immediately set to music). The original title was *Liebesgruss* (*Love's Greeting*), thus paying homage to the German language that Caroline knew so well. The publishers, Schott, decided to change this title on account of its wider European market. The dedication at the bottom of the score is "à Carice", a contraction of the names Caroline and Alice, the same name given to their daughter born a couple of years into their marriage.

Claude Debussy
DANSE BOHÉMIENNE
[BOHEMIAN DANCE]
(1880)

This brief work was Debussy's first published piece for piano (1880). It is dedicated to Nadezhda von Meck, the noblewoman who supported Tchaikovsky morally and financially, although always from a distance (they never actually met, but corresponded heavily). In June 1880, having just graduated from the Paris Conservatoire, von Meck engaged Debussy for the summer to teach her children music, accompany her and her guests on the piano and play four-hand pieces with her. The manuscript of this *Danse* was sent to Tchaikovsky, who appreciated its delicacy and expression, but considered it far too short.

Ottorino Respighi
L'adorazione dei Magi
[The adoration of the Magi]
(1927)

Respighi composed many scores for orchestra that are still regularly performed today. The majority of these are either descriptive or evocative. The *Trittico botticelliano* was composed in 1927, immediately upon his return from a visit to the USA, and was inspired by three Botticelli paintings hung in the Galleria degli Uffizi in Florence. *L'Adorazione dei Magi* is the central piece in this collection, inspired by the Florentine painter's work of the same name. It opens with a Gregorian melody, "O come, o come Emmanuel", an antiphon for Vespers during the week before Christmas.

Maurice Ravel
Menuet antique
(1895)

The *Menuet antique* for piano is an early work by Ravel. Composed in 1895 while still a student at the Paris Conservatoire and dedicated to Ricardo Viñes, it was the first of a series of pieces inspired by ancient musical forms typical of the composer's production and aesthetics. The form is the classic A-B-A of a dance (only the first section is transcribed here), but the harmonies are highly chromatic and reveal the young Ravel's good level of preparation. The old flavour comes from the precise articulations and phrasing. The part for piano is based on the original score, while that for cello uses Ravel's later transcription for orchestra (1929).

Aleksandr Skrjabin
Rêverie
op. 24
(1899)

While it is true that Skrjabin mainly composed for the piano, he also wrote a few orchestral works: *Rêverie* op. 24 was his first symphonic composition. He started composing this in 1897, but only finished it in 1899. It embodies the strong romanticism typical of Skrjabin's early production, with an arch form that culminates in an acute climax, providing a release for the long crescendo of tension and dynamics preceding it. The piece then closes in the same melancholic mood as at the beginning, though this time the ethereal atmosphere is not completely negative. Its special chromatic colour and fleeting modulations make this an especially fascinating and highly popular piece.

Andrea Cavuoto

Camille Saint-Saëns
SAMSON ET DALILA
Mon cœur s'ouvre à ta voix

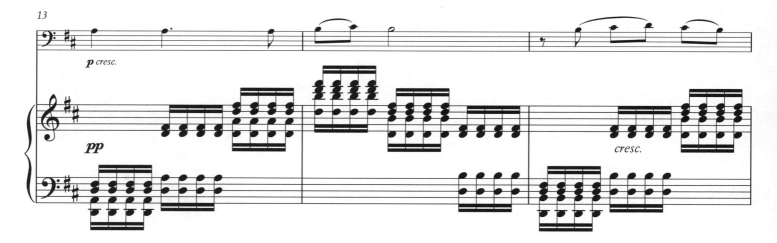

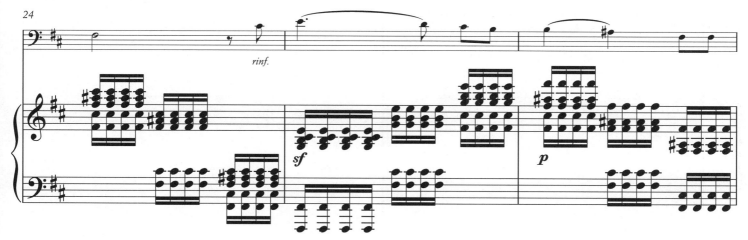

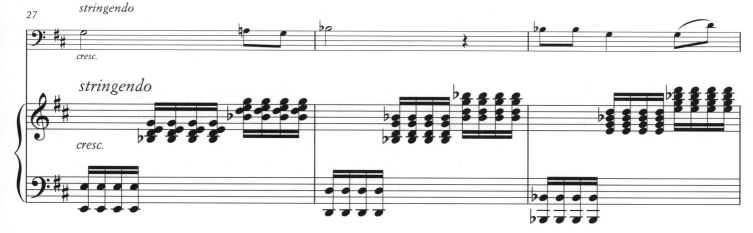

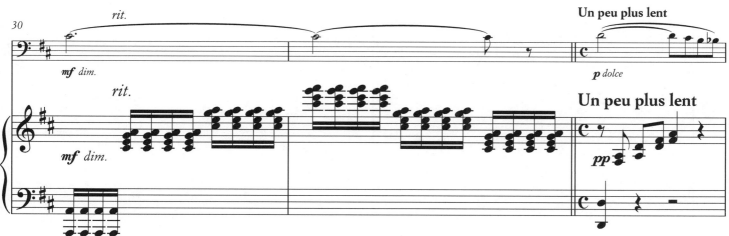

140540

Andantino

66

dim.

68

rinf.

Poco animato

70

Poco animato

sf

72

rinf.

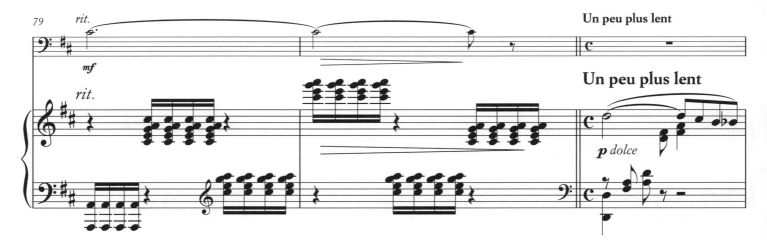

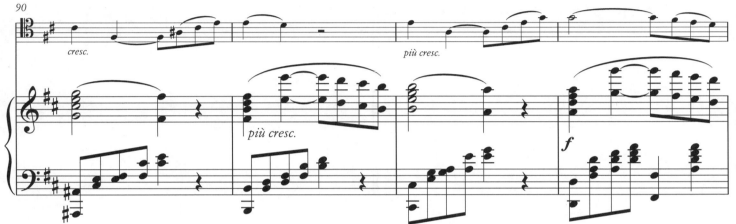

Edward Elgar
Canto popolare
Folk Song

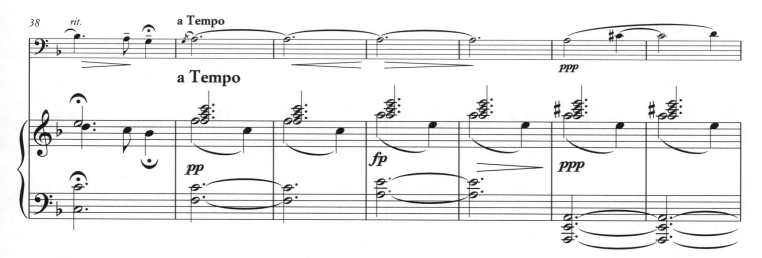

Edward Elgar
Salut d'amour
Love's greeting

Claude Debussy
DANSE BOHÉMIENNE
BOHEMIAN DANCE

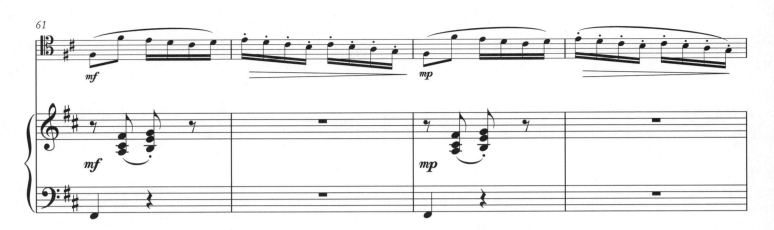

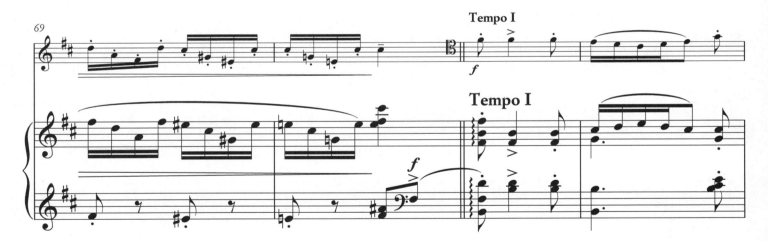

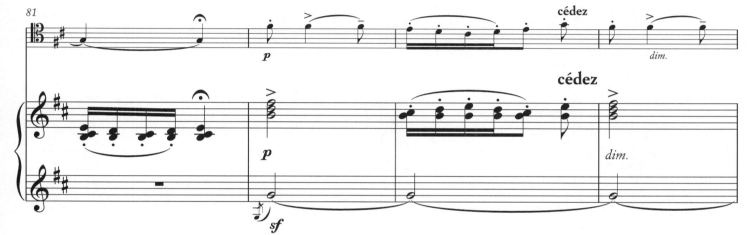

Ottorino Respighi
L'adorazione dei Magi
The adoration of the Magi

140540

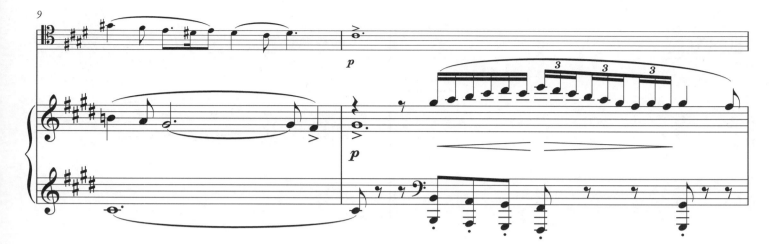

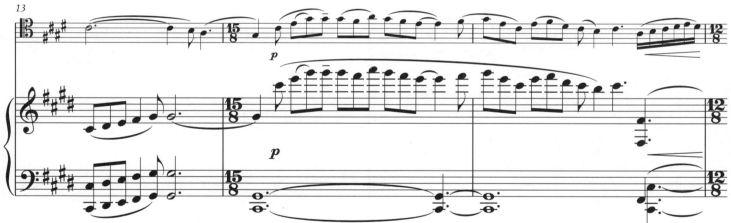

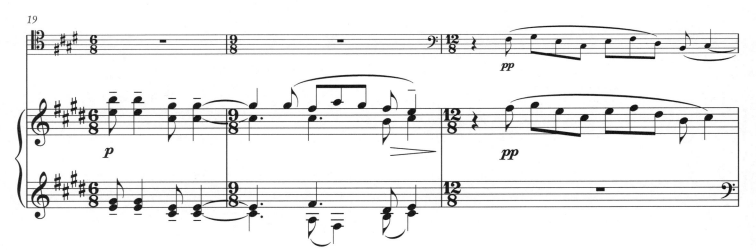

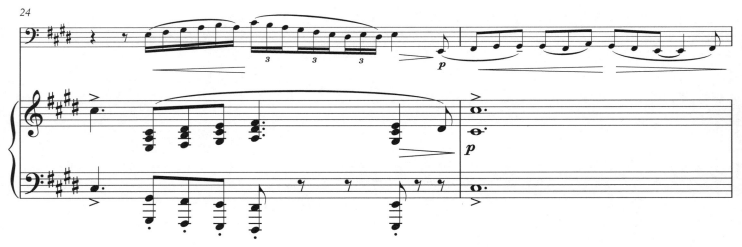

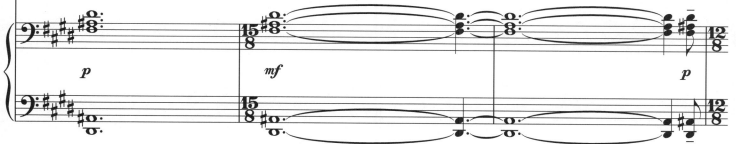

Maurice Ravel
MENUET ANTIQUE

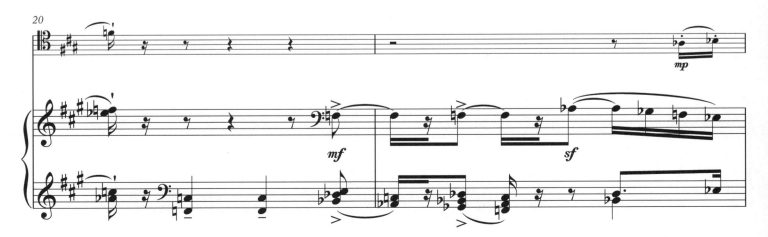

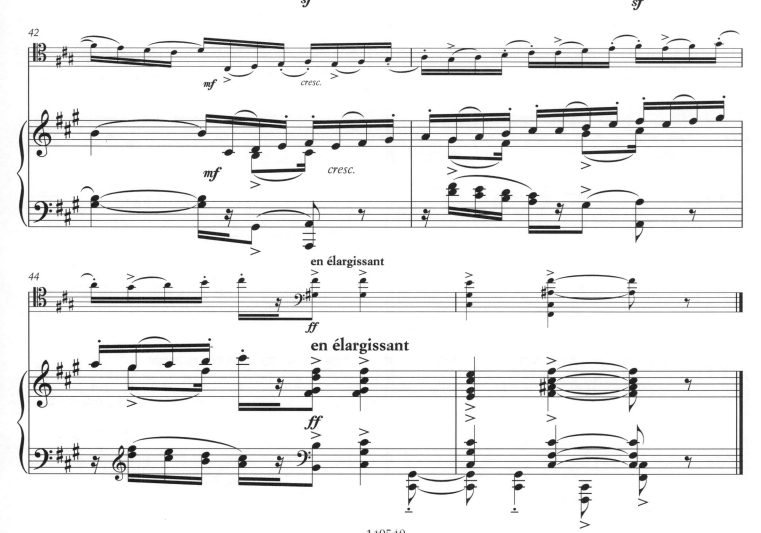

Aleksandr Skrjabin
RÊVERIE

SOGNO   REVERIE

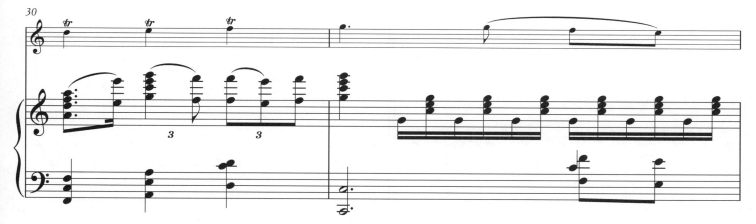

Calmando poco a poco

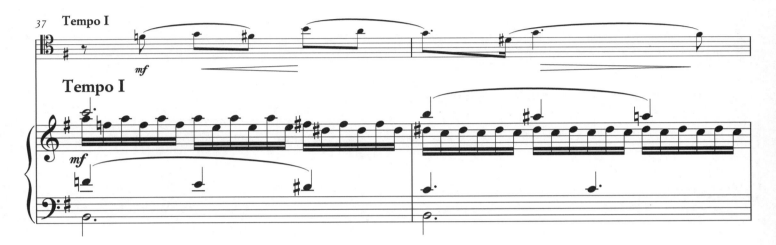

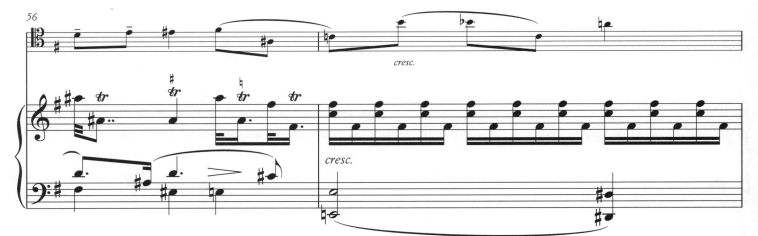

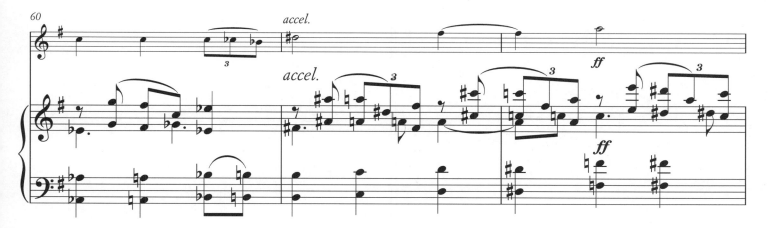

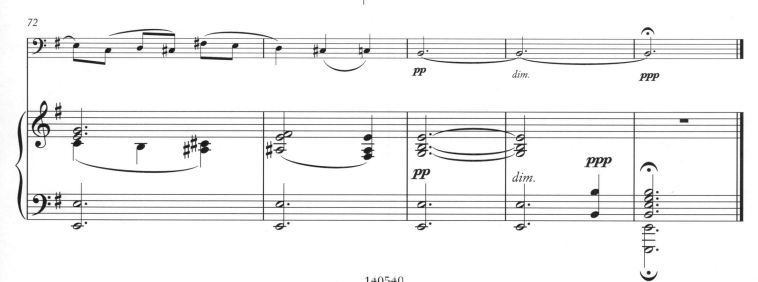

140540

CHAMBER MUSIC *transcription series*

per violoncello e pianoforte
for cello and piano

Robert Schumann
KINDERSZENEN OP. 15
Trascrizioni di - *Transcriptions by*
Friedrich Grützmacher
A cura di - Edited by
Francesco Dillon, Emanuele Torquati
NR 140538

Aleksandr Skrjabin
PRELUDI E ALTRI PEZZI - *PRELUDES AND*
OTHER PIECES
Trascrizioni di - *Transcriptions by*
Andrea Cavuoto
NR 140539

GRANDI TEMI - *GREAT THEMES*
da capolavori originali di - *from original*
masterpieces by Debussy, Elgar, Ravel,
Respighi, Saint-Saëns, Skrjabin
Trascrizioni di - *Transcriptions by*
Andrea Cavuoto
NR 140540

RICORDI

Grandi Temi
Great Themes

da capolavori originali di
from original masterpieces by

Debussy, Elgar, Ravel, Respighi, Saint-Saëns, Skrjabin

trascrizioni per violoncello e pianoforte di
transcriptions for cello and piano by
Andrea Cavuoto

VIOLONCELLO

RICORDI

L'opera del trascrittore ha ogni volta obbedito a una necessità interiore, e il suo risultato finale è stato la sovrapposizione di un nuovo mondo sonoro ed espressivo all'originale, giungendo quello a prendere su questo il sopravvento e componendosi in nuova forma... Quelle apparenti libertà, talvolta audaci, altro non erano che una profonda eccezionale penetrazione dello spirito di quelle musiche e una forma superiore, se pure anormale, di rispetto e soprattutto d'amore verso quei capolavori.

Alfredo Casella

Each time, the work involved in transcribing the music satisfied an inner need. The final outcome has been the overlapping of a new world of sound and expression in contrast with the original: one that catches up with and overtakes the original music to create a new form… The apparent (admittedly often bold) liberties taken are no more than the result of some exceptional deep penetration of the spirit of the music and a superior – even if abnormal – form of respect and, most importantly, love for these masterpieces.

Alfredo Casella

# COLOPHON

Traduzioni a cura di - *Translations by* : Katy Moore

Copyright © 2011 Universal Music MGB Publications
via Liguria, 4 - frazione Sesto Ulteriano
20098 San Giuliano Milanese (MI)
Tutti i diritti riservati – All rights reserved
Stampato in Italia – Printed in Italy
NR 140540
ISMN 979-0-041-40540-7   ISBN 978-88-7592-903-9

INDICE ✣ CONTENTS

Camille Saint-Saëns
SAMSON ET DALILA: Mon cœur s'ouvre à ta voix

Edward Elgar
Canto popolare ∽ Folk Song

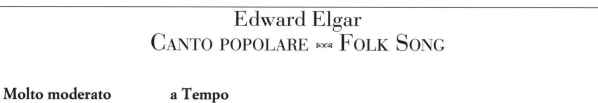

Edward Elgar
SALUT D'AMOUR ⚭ LOVE'S GREETING

Claude Debussy
Danse bohémienne ⚜ Bohemian Dance

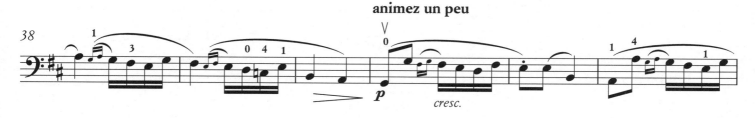

Ottorino Respighi
L'adorazione dei Magi ⚬ The adoration of the Magi

Maurice Ravel
MENUET ANTIQUE

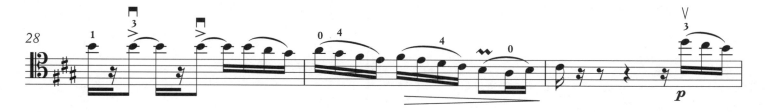

en élargissant

Aleksandr Skrjabin
Rêverie ⁓ Reverie

Tempo I

Tempo I

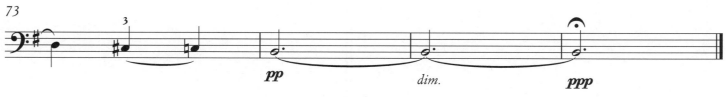